AF248088

ENCORE

UN PROCÈS

DE LA PRESSE.

AFFAIRE DE M. DE NUGENT,

JUGÉE AUX ASSISES DE PARIS, LE 6 DÉCEMBRE 1830.

SE VEND AU PROFIT DES BLESSÉS

DE LA GARDE ROYALE.

A PARIS,

CHEZ G. A. DENTU, IMPRIMEUR-LIBRAIRE,
RUE DU COLOMBIER, N° 21;
Et Palais-Royal, galerie d'Orléans, n° 13.

1831.

AVANT-PROPOS.

Les journaux n'ayant rendu qu'un compte inexact ou incomplet de l'affaire de la presse jugée aux assises de la Seine le 6 décembre, nous soumettons au public toutes les pièces de ce procès.

Vers le 8 octobre dernier, M. C. de Nugent publia une brochure intitulée *Réclamation d'un Français*. Elle donna lieu au procès dont on va lire la relation.

Cette brochure n'étant que le développement des motifs qui engagèrent M. de Nugent à se retirer du conseil d'Etat, nous croyons devoir reproduire ici sa lettre de démission, lettre qui fut imprimée dans les journaux, et n'a été l'objet d'aucunes poursuites.

A M. le duc de Broglie, pair de France,
président du conseil d'Etat, etc.

« Monsieur le duc,

« Votre Seigneurie est nommée pour présider

« le conseil d'Etat ; pèrmettez-moi de lui exposer.
« les motifs de ma démission.

« Appelé il y a trois ans à l'honneur de faire
« partie du conseil d'Etat, en qualité d'auditeur,
« j'ai prêté serment de fidélité au Roi et à la Charte.
« Aujourd'hui Charles X est contraint de sortir
« du royaume, une Charte nouvelle a été impro-
« visée par des députés auxquels les électeurs
« n'avaient point confié ce mandat. Dans ces cir-
« constances, où je vois dominer la force et non
« le droit, je reste fidèle à mon premier serment,
« et je vous envoie ma démission.

« Je suis, avec tout le respect que je vous dois,

« Monsieur le duc,

« de Votre Seigneurie,

« le très-humble et très-obéissant serviteur,

« vicomte de Nugent. »

AFFAIRE

DE M. DE NUGENT.

COUR ROYALE DE PARIS.

CHAMBRE DES MISES EN ACCUSATION.

La Cour réunie en la chambre du conseil, M. Tardif, substitut de M. le procureur-général, est entré, et a fait le rapport du procès instruit contre Nicolas-Charles de Nugent et Gabriel-André Dentu.

Le greffier a donné lecture des pièces du procès, qui ont été laissées sur le bureau.

Le substitut a déposé sur le bureau son réquisitoire écrit, signé de lui, daté du 9 novembre présent mois, et terminé par les conclusions suivantes :

« Requérons la mise en accusation desdits de Nugent et Dentu, et leur renvoi devant la Cour d'assises du département de la Seine, pour y être jugés conformément à la loi. »

Le substitut s'est retiré, ainsi que le greffier.

« Attendu qu'il résulte de l'instruction charges

4

suffisantes contre 1° Nicolas-Charles de Nugent,
2° Gabriel-André Dentu, le premier comme auteur, le second comme imprimeur d'une brochure
ayant pour titre *Réclamation d'un Français;*
d'avoir porté atteinte à l'autorité constitutionnelle
du Roi, et d'avoir excité à la haine et au mépris
de son gouvernement en publiant ladite brochure,
délits prévus par les articles 1, 3, 4 de la loi du
17 mai 1819, 2 et 4 de la loi du 25 mars 1822,
renvoie de Nugent et Dentu devant la Cour d'assises du département de la Seine, pour y être
jugés suivant la loi.

« Confirme l'ordonnance rendue par la chambre des vacations du tribunal de première instance
de la Seine, le 30 octobre 1830, qui renvoie les-
dits de Nugent et Dentu devant la chambre d'accusation de la Cour royale de Paris. Ordonne que
le présent arrêt sera exécuté à la diligence du
Procureur-général.

« Fait au Palais-de-Justice, à Paris, le 12 novembre 1830, en la chambre du Conseil, où sié-
geaient M. Barthe, président, MM. Silvestre de
Chanteloup, de la Huproye, Gabaille, Chevalier
Lemore, conseillers, M. Descloseaux, conseiller
auditeur ayant voix délibérative, tous composant
la chambre des mises en accusation, et qui ont
signé le présent arrêt avec M. Gorgeu, greffier.

COUR D'ASSISES DE LA SEINE.

Audience du 6 décembre 1830.

Accusation d'excitation à la haine et au mépris du gouvernement.
Attaque contre l'autorité constitutionnelle du Roi.

PRÉSIDENCE DE M. BRYON.

M. le président, à M. de Nugent : Vos nom, prénoms ?

R. Nicolas-Charles de Nugent.

D. Quel âge avez-vous ?

R. Vingt-cinq ans.

D. Quelle est votre profession ?

R. Auditeur au conseil d'Etat, démissionnaire.

D. Avez-vous un défenseur ?

R. Non, monsieur le président ; Mᵉ Fontaine est malade, il devait plaider pour moi.

D. Desirez-vous que la Cour vous nomme un avocat ?

R. Je m'en rapporte à la sagesse de la Cour.

M. le président : La Cour engage Mᵉ Syrot à prendre des notes dans l'intérêt de M. de Nugent.

Mᵉ Syrot : Si la Cour me nomme pour couvrir une nullité de procédure, j'accepte ce facile ministère; mais je dois déclarer que s'il est nécessaire de m'associer à la défense, je sens l'impossibilité de plaider une cause que je ne connais que par le débat; impossibilité d'autant plus absolue, que les opinions de M. de Nugent ne sont pas les miennes.

M. de Nugent : Je me défendrai moi-même; il suffira à l'avocat de prendre des conclusions pour couvrir une nullité de procédure.

M. l'avocat-général se lève, et soutient l'accusation dans un discours improvisé, avec la modération et la facilité qui caractérisent son talent.

(M. l'avocat-général n'ayant rien écrit pour l'audience, nous a lui-même engagé à nous borner à une simple mention de son réquisitoire, plutôt qu'à recueillir les fragmens incomplets qui ont été insérés dans la *Gazette des tribunaux.*)

L'accusé se lève, et s'exprime ainsi :

MESSIEURS,

Privé, par un accident inattendu, de l'appui d'un habile et généreux défenseur, je me présente devant vous, seul et sans secours. La Cour sait que M. Fontaine devait me défendre; à peine ai-je eu quarante-huit heures pour préparer moi-même ma défense; je n'ai aucune habitude de la parole. Vous sentez avec quel désavantage je viens combattre un orateur connu par ses succès, et qui a eu le temps de méditer son attaque. La justice de ma cause et ma bonne foi ont pu seules m'enhardir à paraître dans cette enceinte.

M. l'avocat-général lui-même vient de vous dire que vous deviez examiner la brochure entière pour bien juger le sens des paroles de l'auteur, et savoir si dans l'ensemble de l'ouvrage on ne pouvait pas trouver la justification des passages incriminés. Vous me permettrez donc, messieurs, de vous lire ma brochure entière; cette lecture durera peu d'instans, et je ne présenterai d'observations que sur les passages qui viennent de vous être signalés comme les plus coupables.

(L'accusé lit sa brochure. Nous ne reproduirons que les passages incriminés et les observations de la défense.)

« Les hommes d'un parti subitement arrivé au
« pouvoir répètent que les Français sont una-
« nimes dans leur joie des triomphes de ce parti,
« unanimes dans leur amour pour de nouveaux
« maîtres; ces hommes se trompent ou veulent
« tromper la France; ils prennent pour un as-
« sentiment à leur victoire la muette et doulou-

« reuse résignation des honnêtes gens ; et sembla-
« bles aux oppresseurs dont parle Tacite, *ubi*
« *silentium faciunt pacem appellant.* Peuvent-
« ils croire à cette unanimité dont ils parlent sans
« cesse ? Des pairs, des députés, des fonction-
« naires de tous les rangs, par leurs protestations
« et leurs démissions, n'ont-ils pas déjà refusé
« de s'associer aux résultats de la violence et de
« l'illégalité ? Tandis que les vainqueurs insul-
« tent aux vaincus et s'emparent de leurs dé-
« pouilles, pensent-ils que ceux-ci partagent leurs
« opinions et leur joie ? Où donc est l'unanimité
« de la France ? »

Que pourrait-on trouver de criminel dans ces
paroles ? N'est-ce pas la simple énonciation d'un
fait avéré ? N'est-il pas vrai que depuis deux mois
les journaux sont remplis des démissions de ceux
qui refusent de servir le nouveau pouvoir ? N'est-
il pas vrai qu'il y a eu combat, qu'un parti s'est
proclamé vainqueur ? et dites-moi quelle unanimité peut subsister entre des vainqueurs et des
vaincus ?

« Nous ne le cachons pas, nous sommes au
« nombre des vaincus ; nous sommes fiers de pou-
« voir dire : *Tout est perdu, fors l'honneur.*
« Quelle que soit notre position, à nous partisans
« d'une légitimité proscrite, nous ne renierons

« point les sermens faits à une dynastie déchue;
« nous ne renierons point les éternelles vérités
« de la morale et du droit; et, suivant l'exemple
« de ce citoyen d'Athènes dont un bras ennemi
« menaçait la tête, nous dirons au puissant du
« jour : *Frappe, mais écoute.* »

Je m'étonne qu'on ait appelé votre sévérité sur ce passage. Y a-t-il donc rien de coupable à s'avouer vaincu? Quelle provocation à la révolte verrez-vous dans ces mots : *Frappe, mais écoute?* Quoi, nous nous soumettons au pouvoir, nous consentons à ce qu'il nous frappe; pour toute grâce, nous lui demandons d'entendre nos réclamations, et de frapper ensuite, si tel est son bon plaisir, et ce pouvoir n'est pas satisfait! Nous lui disons : *Frappe,* et c'est alors qu'il nous traite de rebelles! Je ne puis m'expliquer cette accusation.

Voyons maintenant les passages incriminés, page 7.

« Interrogez donc les électeurs, et vous saurez
« si jamais un seul d'entre eux, aux dernières
« élections, eut la pensée de confier aux députés
« le soin de faire une Charte et de nommer un
« roi par assis et levé. »

Ici, messieurs, je me borne encore à énoncer une vérité connue de tous; chacun de vous sait aussi bien que moi que les électeurs n'avaient pas nommé les députés pour faire une Charte et un roi. Le ministère public veut voir une insulte dans l'expression « faire une Charte et un roi par assis et levé. » C'est pourtant une simple vérité ; chacun sait que ces deux mesures si importantes qui semblaient exiger de si mûres délibérations, ont été prises avec une précipitation sans exemple. Les députés ont fait une Charte et nommé un roi par assis et levé, c'est un fait incontestable.

Passons à la page 9.

« N'est-il pas bien présomptueux à certains
« hommes chargés de défendre les intérêts d'un
« département ou d'un arrondissement, de croire
« qu'ils ont aussi notre confiance pour fonder une
« Constitution et nous faire passer sous le sceptre
« du maître qu'il leur plaira de nous désigner ? »

Vous le voyez, je n'ai fait que poser une question. Est-on coupable aujourd'hui pour avoir interrogé ceux qui peuvent vous répondre ? Je répète la même question : je supplie le ministère public d'y répondre avec franchise, sa réponse sera ma justification.

Voyons un autre passage incriminé.

« On a reconnu le principe de la souveraineté
« du peuple, il ne faut pas reculer devant son

« application ; il faut au moins que les électeurs
« s'assemblent pour nommer les députés aux-
« quels ils voudront confier la mission de choisir
« le chef de l'Etat. »

Ces paroles ont paru criminelles au ministère public, et cependant, messieurs, ce n'est pas moi qui ai proclamé le principe de la souveraineté du peuple, c'est M. le procureur-général lui-même, M. Persil, dans la séance du 7 août ; la Chambre donnait son assentiment à ce principe. Suis-je coupable si ensuite elle a refusé d'appliquer ses propres maximes comme dangereuses et funestes à l'Etat ? M. l'avocat-général vient de vous dire qu'en proposant aujourd'hui de réunir des assemblées destinées à choisir le chef de l'Etat, je contestais l'existence du gouvernement établi, je voulais tout remettre en question. Je ne me refuse point à reconnaître l'existence du fait du gouvernement, mais je puis nier son existence légale. Jusqu'à ce jour la question de droit n'a pas été résolue. Tout ce qui s'est fait peut être regardé comme provisoire ; on a reconnu au peuple le droit de se choisir son chef, mais on lui a refusé d'exercer ce droit ; c'est un fait incontestable.

Lisons ce qui suit :

« Alors, pour que les électeurs exercent plei-

« nement leur souveraineté, ils doivent être dé-
« gagés de toutes promesses, de tous sermens anté-
« rieurs ; qu'ils jurent seulement de voter en
« conscience pour le bien de leur patrie, on ne
« peut exiger d'eux aucun autre serment. »

Ceci n'est qu'une proposition de logique d'une exactitude rigoureuse. Il est évident que si la souveraineté réside dans les électeurs, on ne saurait leur faire jurer obéissance au moment où ils vont exercer leur souveraineté. Un pareil serment serait dérisoire. Je n'ai pas besoin d'insister sur la justesse et la clarté de ce raisonnement.

Arrivons aux derniers passages incriminés.

« A moins de vouloir se jeter dans l'absurde,
« il faut aujourd'hui choisir entre deux systèmes,
« la Charte de Louis XVIII ou la souveraineté
« du peuple. Si nous prenons pour guide cette
« ancienne Charte que nous avions tous juré
« d'observer, l'ordre de succession au trône est
« régulièrement établi, Henri V doit régner sur
« nous ; si nous adoptons le dogme de la souve-
« raineté du peuple, il faut que la nation soit
« convoquée pour élire un roi : en un mot, il
« faut que la couronne soit mise aux voix, ou
« qu'on la rende à Henri V, qui la tenait de sa
« naissance. Voilà nos principes ; il serait diffi-
« cile d'en contester l'évidence. Cependant les

« hommes qui exploitent à leur profit les évè-
« nemens de juillet, ont répudié la Charte de
« Louis XVIII, et répudient également les as-
« semblées populaires; ainsi, aucun système ne
« justifie ce qui se passe aujourd'hui en France;
« le gouvernement actuel ne repose ni sur la
« légitimité selon la Charte, ni sur la légitimité
« selon le peuple ; c'est donc un gouvernement
« de fait, un pouvoir arbitraire; nous cédons,
« nous obéissons à la force; on peut exiger de
« nous de la soumission, mais rien de plus. »

Ces paroles, messieurs, ne sont que de justes
conséquences de faits reconnus vrais par la France
entière. Il est vrai qu'à l'instant même de la victoire, on a détruit la Charte pour laquelle le
peuple avait pris les armes; il est encore vrai
que le peuple souverain n'a été admis ni à déli-
bérer ni à voter; toutes les mesures ont été prises
par des députés qui n'avaient de pouvoirs qu'en
vertu de la Charte détruite. Puisque ces faits sont
tous authentiques, ce n'est pas moi qu'il faut
accuser, si la logique la plus simple déclare ab-
surdes des contradictions aussi manifestes.

Arrivons à la fin de l'écrit qui vous est pré-
senté comme coupable.

« Si on vient nous demander un pieux res-
« pect pour les actes émanés des Chambres, nous

« répondrons : Les Chambres ont violé toutes les
« lois. »

Assurément, messieurs, les Chambres ont ou-
trepassé toutes les lois, elles se sont placées en
dehors de toute légalité; c'est un fait, et personne ne viendra le démentir.

« Si on vient nous demander du dévouement
« pour de nouveaux chefs, nous répondrons : « Nos
« affections sont dues à cette branche aînée des
« Bourbons, qui a donné à la France plus de bon-
« heur et de liberté qu'elle n'en avait jamais goûté,
« plus peut-être qu'elle n'en goûtera jamais. »

Ici, messieurs, j'ai pu être surpris de l'accusation qui m'est intentée. La conscience et les
affections sont libres; je ne pensais pas que le
gouvernement pût prétendre y commander.

Je n'ai point caché mon attachement à la légitimité, parce que je voyais en elle une garantie
de paix et de stabilité pour la France; ce n'est
point là un acte de rébellion, ce n'est point une
provocation à la révolte; je n'engage personne à
penser comme moi, mais j'ai le droit d'exprimer
ma pensée. J'ai dit que, peut-être, la France ne
goûterait plus le bonheur dont elle a joui pendant nos quinze dernières années, et ce mot
peut-être devient l'objet d'une accusation; on me
poursuit pour avoir énoncé un doute; on veut

que vous me déclariez criminel, parce que j'ai ressenti quelques craintes pour le bonheur de notre patrie. Certes, messieurs, s'il n'était ici question que de ma personne, s'il ne s'agissait que de ma liberté menacée, j'en ferais bon marché, et n'aurais pas voulu répondre un seul mot à la voix qui m'accuse; mais les poursuites dirigées contre moi portent atteinte aux droits de quiconque partage mes sentimens. Il s'agit de savoir si tout Français n'a pas le droit de protester contre ce qui lui paraît un abus de la force, si pas un citoyen ne pourra faire entendre une seule expression de regrets pour un ordre de choses qui, pendant plus de quinze années, fut adopté par la France; si une nombreuse partie de la nation ne pourra exercer ses droits politiques qu'en se soumettant à des sermens qui répugnent à sa conscience : en un mot, il s'agit de savoir s'il y a aujourd'hui des Français réduits à la condition d'ilotes et de parias, et si on voudrait nous faire un crime de nos opinions, et tout asservir, même nos pensées. Cette question, messieurs les jurés, est importante pour vous, qui êtes mes juges, comme pour moi, accusé; je suis citoyen comme vous; les libertés que je défends sont aussi les vôtres : vous me permettrez de vous en entretenir quelques instans.

Tout m'étonne, messieurs, dans ce procès! Une révolution s'est faite au nom de la liberté de la presse, et le ministère public recommence la guerre aux brochures, il s'arme de toutes ses rigueurs contre l'opinion d'un Français isolé, il demande que les prisons se rouvrent pour les écrivains indépendans! Une révolution s'est faite au nom de la jeunesse; la jeune France a triomphé, nous dit-on, et voilà qu'on amène devant vous un accusé qui n'a pas vingt-cinq ans!

Je refuserais de croire à de pareilles inconséquences, si je n'étais moi-même acteur et témoin de cette scène étrange!

Je l'avouerai, messieurs, lorsque des principes de liberté furent si hautement proclamés, je m'étais persuadé que toutes les opinions seraient libres en effet, que toute discussion exempte d'injures et de calomnies serait permise, et alors j'ai écrit *la Réclamation d'un Français*.

La nouvelle Charte, de même que l'ancienne, reconnaît aux Français le droit de publier leurs opinions, pourvu qu'ils s'abstiennent de tout outrage, de toutes personnalités odieuses. Alors qu'ai-je fait? j'ai traité une grave question de droit public, j'ai discuté des principes, sans m'occuper en rien des personnes. Nos lois, messieurs, permettent la discussion des actes du gouvernement, et je pourrais vous citer vingt passages des discours de M. l'avocat-général lui-même, lorsqu'il défendait la liberté de la presse, dans lesquels il démontre, avec son talent ordinaire, que la critique du gouvernement est permise, toutes les fois que cette critique est décente et mesurée ; eh bien, messieurs, je n'ai pas même usé de ce droit, je ne me suis permis aucune critique ; je me borne à exposer mes principes, et à déduire les conséquences de ceux au nom desquels s'est faite la révolution. J'ai embrassé le principe de la légitimité, j'ai manifesté ma sincère douleur des atteintes portées à ce principe, parce qu'il offrait une garantie de paix et de stabilité pour la France. Voilà ma profession de foi franche et entière. Par légitimité, j'entends transmission héréditaire du pouvoir entre les mains d'une famille que le temps et l'assentiment des peuples ont affermie sur le trône. Cet ordre régulier de succession, le plus propre à prévenir les maux de l'anarchie, à préserver un Etat de toute secousse dangereuse, me paraît établi dans l'intérêt du peuple bien plus encore que dans l'intérêt des rois. C'est seulement en ce sens que j'ai compris le principe de la légitimité. Des publicistes, des orateurs célèbres, des peuples entiers l'ont ainsi compris ; deux hommes que la France honore,

Royer - Collard et Chateaubriand, doivent à la défense de ce principe leurs plus entraînans discours, leurs pages les plus éloquentes; et il faut qu'il y ait quelque chose de bien puissant, de bien salutaire dans ce principe, puisqu'après l'avoir enfreint on s'est hâté de le replacer dans la nouvelle Charte, et que le trône est redevenu héréditaire (1). Si je me suis trompé, si mon attachement à la légitimité est une erreur, la publication de cette erreur peut-elle être un crime? et dans la pacifique protestation d'un citoyen qui se déclare soumis à l'empire des faits, peut-on voir rien d'hostile au gouvernement actuel?

Je me suis demandé de quel droit les députés s'étaient arrogé de changer la Constitution du royaume. En effet, ou bien ils avaient reçu des électeurs un mandat secret et spécial pour renverser le trône, et alors ils auraient été des conspirateurs, et les ordonnances de Charles X ne seraient plus qu'une mesure de conservation, un acte de juste défense; ou bien leur mandat était seulement de maintenir la Charte détruite, de concourir à la marche du gouvernement déchu, et alors ils auraient dû tomber avec ce gouvernement, dont ils faisaient partie, et leur existence aujourd'hui ne saurait être légale. J'insiste

____

(1) *Voyez* la note à la fin.

sur ce raisonnement; j'adjure le ministère public de me dire si les députés convoqués par Charles X avaient été élus pour maintenir ou pour renverser l'ancienne Charte. On ne pourrait prétendre que le droit des Chambres, au 7 août, ait été produit par l'illégalité des ordonnances de juillet, par la violation de la Charte constitutionnelle. Si la Charte avait reçu des atteintes, elle donnait elle-même les moyens d'y pourvoir. L'article 13 portait : « La personne du ro¹ « est inviolable et sacrée; les ministres sont res « ponsables. » Et dès lors le trône respecté, les ministres mis en accusation, tel était l'ordre légal; mais telle n'a point été la marche suivie par la Chambre des députés. . . . .

. . . . : D'impérieuses circonstances ont tout changé, me dira-t-on; des évènemens aussi rapides qu'imprévus ont imposé de nouveaux devoirs et créé de nouveaux droits. Les députés ont dû suivre la loi suprême, le salut de la patrie : la nécessité du moment, l'urgence du péril ont conféré aux députés le grand, le noble mandat de sauver la France, de l'arracher aux horreurs de l'anarchie. Je l'ai dit dans ma brochure; ces motifs pouvaient justifier les mesures de la Chambre, mais seulement comme mesures provisoires, et non comme mesures définitives. Qui dit néces-

sité, péril, urgence, dit circonstances passagères. Pourquoi donc un pouvoir créé par des circonstances passagères continuerait - il d'exister,
lorsque ces circonstances ont cessé? Plusieurs
mois se sont écoulés depuis la crise qui avait
donné à la Chambre des pouvoirs extraordinaires; et refuser de soumettre à la sanction de la
France les mesures extraordinaires de cette épo-
que, c'est, en alléguant de craindre l'anarchie,
c'est, je le répète, c'est insulter la France. Paraître sans cesse redouter des discordes civiles,
n'est-ce pas dire que les citoyens sont disposés à
se déchirer entre eux, n'est-ce pas les déclarer
indignes de la liberté? On a pourvu aux soins
qu'exigeait la sûreté publique; l'administration
de l'Etat a été confiée au prince qu'ont désigné
les députés; l'ordre règne d'un bout du royaume
à l'autre; qui donc empêche que les citoyens
viennent librement et paisiblement dans des assemblées primaires ou dans des colléges électoraux déposer leurs votes, soit pour adhérer au
gouvernement établi par les députés, soit pour
indiquer le mode de gouvernement qui leur pa-
raîtrait le mieux convenir à la France? Les citoyens ainsi appelés à se choisir un gouvernement ne pourraient être soumis à aucune promesse, aucun serment préalable; car il est de

l'essence de la souveraineté populaire de ne s'a-
liéner ni s'abdiquer jamais. La liberté d'opinion
devrait être absolue, toutes les volontés pourraient être manifestées, puisque, suivant le droit
public professé aujourd'hui parmi nous, le gouvernement doit être le résultat et l'expression de
la volonté nationale. Telle devrait être la conséquence nécessaire des principes posés par d'autres que par moi : telle est, messieurs, la subs-
tance de l'écrit incriminé devant vous. J'y ai
déclaré mon attachement au principe de la légitimité, parce que je le crois salutaire à ma
patrie; enfin, puisque ce principe a été rem-
placé par celui de la souveraineté populaire, j'ai
eu le droit de m'étonner que le gouvernement
ne voulût pas en faire l'application; car tout
gouvernement qui manque à ses propres principes ne repose plus sur aucune base, et le moindre choc peut l'ébranler. Ce n'est plus un gouvernement de principes : c'est un gouvernement
de fait. Voilà en peu de mots l'analyse claire et
fidèle de ma brochure, brochure qui, loin de
s'adresser aux passions, est un ouvrage de raisonnement abstrait, de pure théorie, de dialec-
tique froide et sévère. Je n'ai fait ni afficher, ni
vendre, ni distribuer cette brochure; elle n'a
été tirée qu'à six cents exemplaires; je l'ai en-

voyée aux membres des deux Chambres, parce que c'est à eux que doivent naturellement être adressées les questions de droit public et de législation; je l'ai donnée à quelques amis : elle aurait passé tout à fait inconnue du public, si on ne lui eût accordé les honneurs, certes bien peu mérités, d'une saisie et d'un procès.

En publiant cette brochure, je ne pensais pas avoir l'honneur de mettre en mouvement procureur-général, avocats-généraux, substituts, greffiers, et d'attirer sur moi l'éclat officiel d'un réquisitoire. En disant que les actes des Chambres, au mois d'août, avaient été des actes extra-légaux; en demandant qu'ils fussent soumis à la ratification de la France, ou du moins à la sanction des colléges électoraux, je ne craignais qu'une seule accusation : celle d'avoir exprimé une vérité trop banale, d'avoir seulement répété ce que tout le monde sentait comme moi, ce que tout le monde avait dit avant moi.

Si c'est un crime d'avoir dit qu'en improvisant une Charte et un souverain, les députés avaient agi seuls et sans mandat de la France, mes complices sont bien nombreux, messieurs. Cinquante députés, en donnant leur démission, ont protesté contre l'illégalité des actes auxquels ils refusaient de concourir : je n'ai fait qu'imiter leur exemple ; et niera-t-on que nous, citoyens, nous n'ayons pas le droit de joindre notre voix à celle de nos représentans ?

Dans la séance du 5 août, M. Benjamin Constant disait en parlant de la vérification des pouvoirs de quelques députés : « Il faut que nous « sachions si on fera siéger ici de faux ou de vé- « ritables représentans *provisoires* de la nation. » Vous l'entendez, M. Benjamin Constant proclame, le 5 août, que la Chambre n'a que des pouvoirs provisoires. Comment ont-ils pu tout à coup devenir des pouvoirs définitifs ?

M. de Corcelles, appelé à prêter serment, dit : « Je le jure, sauf l'approbation de la nation « française, aux prochaines élections. » Par ces mots, M. de Corcelles exprime bien clairement que les actes de la Chambre ont besoin de l'approbation de la nation française, et qu'ils restent sans caractère légal tant que cette approbation leur manque.

M. de Cormenin, séance du 12 août, écrit au président de la Chambre : « Monsieur le prési- « dent, je n'ai pas reçu du peuple un mandat « constituant ; je suis sans pouvoir pour faire un « roi, une Charte, un serment : je prie la Cham- « bre d'agréer ma démission. » Voici un homme bien connu par la rigidité de ses principes, par

la force et la justesse de ses raisonnemens, qui
se déclare sans pouvoir pour faire un roi, une
Charte, un serment : il se retire; sa conscience
lui défend de prendre part à des mesures inconstitutionnelles et arbitraires.

Ainsi, des députés eux-mêmes ont déclaré du
haut de la tribune que la Chambre avait agi
sans mandat; qu'elle avait mis de côté toutes les
lois : leurs paroles ont retenti en France et en
Europe, et partout elles ont fait connaître que
le pouvoir qui nous régit est un pouvoir de fait
et non un pouvoir légal. J'ai reproduit faiblement ce qu'ils ont dit avec tant d'énergie, avec
une force logique si puissante; leurs discours
n'ont point été trouvés criminels; comment les
miens le seraient-ils davantage?

Aussi, messieurs, je m'étonne de ne pas voir
ces honorables députés assis près de moi, sur le
banc des accusés, ou plutôt je m'étonne d'y être
pour avoir embrassé leurs opinions. Ni eux ni
moi ne sommes coupables : ils ont usé de leur
droit de députés, j'ai usé de mon droit de citoyen.

Chacun de nous, messieurs, n'a-t-il pas remarqué que quatre-vingt-neuf pairs seulement
et deux cent dix-neuf députés, en tout trois cent
huit personnes, avaient pris part aux actes des

7 et 9 août; qu'ainsi la lieutenance générale du royaume et la couronne avaient été offertes par la minorité des Chambres? Ce fait public n'est-il pas connu de tous les contemporains? ne sera-t-il pas connu de la postérité? et le ministère public viendra-t-il requérir que cette page soit arrachée de notre histoire?

Oui, messieurs, c'est la minorité des Chambres qui seule a osé se faire la maîtresse de nos destinées. N'avez-vous pas tous été bien surpris d'un évènement si étrange? Viendra-t-on nous dire que ce fait est sans importance? Ne suffirait-il pas pour frapper d'illégalité, de nullité, toutes les décisions d'une minorité sans mandat?

Aucun code, vous a dit M. l'avocat-général, n'indique les formes à suivre pour que le peuple se choisisse un souverain : peu importe que ce choix ait été irrégulier pour la forme, il faut voir le fond des choses, et ne pas faire de vaines chicanes de procédure.

Il nous serait facile de répondre qu'après avoir pourvu à la sûreté publique par des mesures provisoires, le renouvellement intégral de la Chambre était un moyen bien naturel de consulter la nation sur le choix d'un roi; mais nous aimons mieux laisser parler M. de Cormenin : c'est à lui qu'il appartient de démontrer, avec sa précision et sa clarté habituelles, que le gouvernement créé par la Chambre est illégal de fond comme de forme. Voici ce qu'il publiait dans un journal, le 16 septembre. Alors il n'était plus couvert de son inviolabilité parlementaire : il était simple citoyen comme nous.

« Je reconnus bientôt que je n'avais reçu du
« peuple redevenu souverain, ni directement ni
« indirectement, la mission extraordinaire de
« faire une Constitution et de juger un roi. Il me
« semblait entendre le peuple me dire : Qui es-
« tu ? qui t'as nommé ? que vas-tu faire ? Arrête !
« J'obéis. Attaché sur mon banc pendant l'im-
« provisation de la Charte, je gardai l'immobi-
« lité du silence; j'étais absorbé dans la contem-
« plation de mon illégalité; je n'entendais rien;
« je n'apercevais plus la Chambre; je ne voyais
« plus que le peuple : sa grande image était de-
« vant moi. Eussé-je reçu du peuple le mandat
« constituant que je n'avais point, je confesse
« ingénument que je n'ai point reçu du Ciel une
« intelligence assez puissante, assez prompte,
« assez illuminée pour ajuster en trois heures
« une Charte à laquelle l'éternité a été promise. »
Vous l'avez entendu, messieurs, c'est un magis-
trat éclairé, c'est un homme d'un sens droit qui
s'indigne d'une Charte ajustée en trois heures. Il

ajoute ensuite : « Quel est donc le principe de
« la souveraineté nationale, du système enfin où
« nous nous trouvons aujourd'hui placés? C'est
« que le peuple doit proposer la Charte par ses
« organes constituans, ou du moins la sanction-
« ner. Or, ici, les organes constituans ont-ils
« proposé? le peuple a-t-il sanctionné? Non.
« Donc il y aura eu peur de l'anarchie, gravité
« des circonstances, péril, urgence, tout ce que
« l'on voudra ; mais, quoi qu'on en puisse dire,
« avant, pendant, ni après, il n'y a pas eu de
« légalité. » De telles paroles doivent avoir quelque poids, messieurs, et se chargent de me justifier. A une autorité déjà si grave, voulez-vous
que je joigne des autorités nouvelles?

Bien d'autres voix que la mienne ont demandé
la dissolution de la Chambre de 1830, bien d'autres ont fait ressortir son illégalité.

Voici ce qu'on lit dans *le Globe* du 22 septembre :

« La Charte de 1814 est morte le 27 juillet.
« De ce jour au 7 août suivant, anarchie com-
« plète, suspension de la vie politique. Le 7 août,
« Constitution nouvelle sous un ancien nom,
« royauté nouvelle, roi nouveau, pairie en ques-
« tion, *Chambre élective provisoire*, pouvoir
« électoral ébauché, promesse d'une réforme ra-

« dicale. » Il était alors permis de qualifier la Chambre du titre de *provisoire*, puisque les auteurs de cet article n'ont point été traduits aux assises, et je ne comprends pas qu'aujourd'hui il ne soit plus permis de lui donner ce nom; car elle n'a pas été renouvelée ; elle est encore aujourd'hui ce qu'elle était alors.

Le *Courrier français* du 15 octobre disait :
« Secondé (le ministère) par une Chambre qui
« ne comprend rien et ne veut rien comprendre
« à la situation présente, il n'ose toucher à ce
« que la restauration nous a légué..... »

Voilà donc la Chambre qui, au dire du *Courrier*, manque non plus seulement de légalité, mais encore d'intelligence ! et c'est moi qu'on poursuit !

Le Patriote du 21 octobre s'exprime ainsi :
« Enfin nous soutenions que, pour établir un
« principe légal, il fallait dissoudre la Chambre
« des députés et en nommer une autre, parce
« qu'une Chambre convoquée par Charles X, et
« continuant ses fonctions sous le règne de Louis-
« Philippe Ier, était un contre-sens formel à l'es-
« prit de cette révolution. » Voilà des paroles bien âcres, la Chambre est un *contre-sens;* je n'ai point employé d'expression semblable, et cependant c'est moi qu'on poursuit !

Passons au *Nouveau journal de Paris*, 23 octobre :

« Une première erreur de la Chambre, et la
« plus grave de toutes, est d'avoir persisté à
« s'imposer au pays, non comme pouvoir de
« transition, mais comme pouvoir permanent;
« non pour prendre des mesures d'urgence, mais
« pour organiser entièrement l'ordre nouveau,
« malgré la conviction où est la nation que cette
« tâche est au-dessus de ses forces. La révolution
« était consommée quand la Chambre des dépu-
« tés s'est réunie; elle n'y est entrée pour rien,
« non sans doute par défaut de bonne volonté,
« mais parce qu'à son arrivée elle a trouvé la
« chose décidée, et l'ennemi en fuite. Dès lors,
« nulle exception à invoquer : il fallait une re-
« présentation nouvelle.

« Il le fallait d'autant plus, que la Chambre,
« composée ainsi que nous venons de le dire,
« renfermait trop d'élémens hétérogènes pour
« pouvoir se dire l'expression du vœu national.

« Cependant, la Chambre s'est obstinée à
« rester : elle s'est proclamée elle-même la véri-
« table représentation de la France. Comment
« ses actes ont-ils justifié ce titre? » Ce journal
déclare que la Chambre des députés n'est point
la véritable représentation de la France; il

ajoute que ses actes ne justifient en rien ce titre qu'elle s'est arrogée. Mais est-il seul à tenir ce langage? Non, certes.

Ecoutez *le Globe* du 25 octobre :

« La révolution était accomplie; c'était un
« fait, force fut de le reconnaître. Quel était
« alors le rôle naturel de nos députés? Dissous
« par Charles X, conservaient-ils une existence
« légale, même après le déchirement complet
« du gouvernement dont ils avaient été appelés
« à faire partie? Non sans doute.

« Comment parlaient alors les mêmes députés
« aux citoyens armés qui se pressaient autour du
« lieu de leurs séances pour attendre le résultat
« de leurs actes? « Non, disaient-ils, nous n'a-
« vons pas de pouvoir légal, mais que nous im-
« porte, si nous savons faire le bien, et nous
« retirer quand la nécessité sera passée? Ne vous
« hâtez pas trop, ajoutaient-ils, d'exiger des
« améliorations que nous désirons comme vous :
« nous ne ferons rien que de provisoire. »

« Vint ensuite la Charte de M. Bérard, acte
« dont le caractère restera douteux pour l'his-
« toire. Cependant nous aimions encore à ne
« voir autour de nous qu'un ordre de choses pro-
« visoire : nous pensions que bientôt une Cham-
« bre nouvelle, née d'une loi d'élection popu-

« laire, réformerait le triste ouvrage des 221 ;
« nous le croyions, parce que cela était logi-
« que. » Il faut, messieurs, il faut que ces vérités logiques soient bien évidentes, puisqu'elles
ont frappé comme moi des hommes dont les
opinions politiques diffèrent totalement des
miennes.

On lit dans le même journal, du 31 octobre :

« La révolution de 1830, qui a rétabli la
« souveraineté du peuple, fait au gouvernement
« une obligation d'organiser le nouveau principe
« sur lequel il repose, *sous peine* de rester sans
« base d'aucune espèce. »

Ainsi, au 31 octobre, suivant *le Globe*, le
gouvernement était sans base d'aucune espèce.
Qu'a-t-on fait depuis pour lui donner la base
qu'exigent ses propres principes? Rien ; et les
journaux du parti vainqueur peuvent continuer
à répéter que le gouvernement manque à ses
obligations.

Ces journaux trouvent chaque matin des mil-
liers de lecteurs ; ils redisent aux provinces et à
l'étranger, les uns que la Chambre des députés
est une Chambre illégale, les autres qu'elle ne
comprend rien et ne veut rien comprendre : cependant, le ministère public n'a point fait saisir
les numéros dont je viens de vous donner lec-

ture ; il ne tonne pas contre eux. Pourquoi donc la liberté qui leur est accordée me serait-elle refusée ?

Les hommes arrivés au pouvoir ont vanté leur modération et leur générosité ; comment donc déploient-ils leurs rigueurs contre un homme qui professe tout haut son attachement à des proscrits ? Qui serait généreux ici, je vous le demande, de l'accusateur ou de l'accusé ?

Aurait-on désiré qu'un des vaincus vînt se rétracter en tremblant, ou témoigner une impuissante colère ? Chercherait-on à nous avilir, parce que nous sommes malheureux ? Si telle avait été la pensée de mes accusateurs, ils auraient bien mal choisi leur victime !..... Je ne désavouerai point mes paroles, et je discuterai devant vous avec calme et confiance. Je parle à des jurés, à des hommes indépendans du pouvoir, à des hommes qui sont ici mes juges, mais qui hors de cette enceinte sont mes égaux, mes frères dans la cité : je me félicite d'avoir à leur expliquer la seule espèce d'inculpation qui puisse m'amener devant eux.

On m'accuse d'avoir commis le délit d'attaque à l'autorité constitutionnelle du chef de l'Etat..... Ma surprise est extrême, messieurs ; je ne saurais comprendre cette acusation. Dans mon écrit

de pur raisonnement, de froide logique, rien ne
présente le caractère d'attaque; j'examine sans
passion les faits accomplis sous l'empire de la révolution de juillet. D'accord avec les députés,
les journaux, la France entière, je reconnais que
les Chambres n'avaient point mandat de faire ce
qu'elles ont fait; j'en conclus que l'autorité qui
a surgi n'a pu être légalement instituée. Si le
ministère public veut me démentir, il faut qu'il
établisse la légalité des actes qui ont fondé le
nouveau gouvernement; il doit renier l'évidence;
il doit prouver qu'il n'y a eu ni troubles ni combats au mois de juillet, que le peuple n'a point
été victorieux les armes à la main, mais que les
électeurs avaient d'avance chargé les députés de
renverser le trône, de détruire la Charte, d'éle-
ver un trône nouveau, de faire une Charte nouvelle, tout cela en quelques séances, en quelques
heures, par assis et levé. Tant que le ministère
public n'aura pas fourni cette preuve, il restera
certain, pour tous les esprits droits, que le gouvernement actuel est une flagrante illégalité.

Je n'ai donc pu attaquer l'autorité constitutionnelle du chef de l'Etat, car aujourd'hui en
France cette autorité n'existe pas. Depuis qu'aux
cris de *vive la Charte!* on a tué la Charte; depuis qu'en proclamant la souveraineté du peuple

on a refusé d'appliquer ce principe, il n'y a plus en France de pouvoir constitutionnel.

Oui, messieurs, tout a été illégal dans la formation du gouvernement actuel : je l'ai dit sans détour, je le répète encore, parce que c'est un devoir pour tout citoyen de proclamer la vérité. Mais de ce que j'ai dit *le choix du souverain a été irrégulier,* le ministère public, ressuscitant les procès de tendance, pourra-t-il en induire que j'ai voulu dire : « Le choix du souverain a été mauvais ? » Aurais-je donc prétendu que le prince choisi par quelques députés était indigne de la couronne ? Non, messieurs ; je défie l'intention la plus malveillante de découvrir cette pensée dans aucune de mes paroles.

Je n'ai point imité les rédacteurs d'une feuille célèbre (*le National*), je n'ai point été réveiller de tristes et sanglans souvenirs. Dans mon écrit, vous ne trouverez pas un mot qui puisse blesser la dignité du souverain. Les hommes qui outragent le chef de l'État sont ceux qui, aux portes mêmes de son palais, affichent des caricatures infâmes contre les personnes que les liens du sang doivent lui rendre les plus chères ; mais nous, par respect pour ce prince, nous désirons que son nom reste étranger à nos débats.

On m'accuse d'exciter à la haine et au mépris

du gouvernement; je ne saurais non plus comprendre cette partie de l'accusation. En effet, je n'ai pas discuté les actes du gouvernement; je n'ai pas relevé une seule des fautes du ministère; je n'ai raisonné sur les faits que pour me rendre compte du droit. Le gouvernement m'a paru en dehors de toute légalité; je lui indique le moyen d'y rentrer, en adoptant les principes qu'il a reconnus pour les siens, en faisant un appel à la nation. Quelle est donc la méfiance du gouvernement envers la France, puisqu'il regarde comme un outrage tout appel à la raison publique ?

On a déclaré le peuple souverain ; cependant, ce peuple n'a point parlé : je demande qu'on l'interroge ; sa réponse fera loi, suivant les principes de la révolution.

Pour que la reponse du peuple fasse loi, il faut qu'il soit libre, et non pas enchaîné par un serment. Imposer une condition quelconque au vote des citoyens, c'est violer leurs droits, c'est anéantir leur souveraineté : nous venons d'en être témoins aux dernières élections.

Le Moniteur remarque qu'à Rennes, sur 560 électeurs écrits, 273 seulement se sont présentés pour voter.

A Rédon, sur 90 électeurs inscrits, 53 n'ont pas voté. Ainsi, c'est la majorité qui s'est absentée du collége. Le député de Rédon est le député de la minorité des électeurs. La même singularité s'est renouvelée dans le département de la Creuse.

Ainsi voilà plusieurs départemens où la majorité des citoyens chargés d'exprimer la volonté nationale, est privée de l'exercice de ce droit. Si vous voulez que la France parle, si vous voulez qu'elle soit libre, ne lui imposez donc pas la tyrannie du serment. De courtes réflexions, extraites d'un journal, suffiront à ce sujet.

« On peut constater comme un fait, que l'o-
« bligation du serment attaché à l'exercice du
« droit électoral, a écarté des colléges électoraux
« tous ceux qui ont craint qu'on ne vît dans ce
« serment une ratification des actes constitutifs
« qui sont sortis de la Chambre actuelle.

« La conséquence de ce fait est très-impor-
« tante pour apprécier le régime actuel. Il en ré-
« sulte qu'un grand nombre d'hommes qui ont
« des droits et des devoirs à remplir envers la
« société, se sont trouvés paralysés par une dis-
« position qui s'éloigne essentiellement des prin-
« cipes de la Constitution.

« Sous l'empire du principe de la souveraineté
« nationale, une distinction essentielle est à faire

« quand il s'agit d'exiger des hommes un ser-
« ment politique, les fonctions et les facultés.

« Les fonctions dépendent constitutionnelle-
« ment de la volonté du gouvernement, car il
« peut nommer et révoquer à son gré tous les
« fonctionnaires publics.

« Les facultés sont de leur nature dans l'indé-
« pendance la plus absolue de toute action du
« pouvoir public. Elles ne peuvent admettre au-
« cune condition, aucune restriction; c'est la
« souveraineté nationale elle-même qui ne peut
« s'enchaîner, qui ne peut, sans s'abdiquer, re-
« connaître rien de supérieur à elle.

« Il est donc évident que le gouvernement
« peut demander des sermens aux fonctionnaires
« qu'il nomme et qu'il salarie. Quant aux citoyens
« qui exercent les facultés politiques reconnues
« par la Constitution, c'est à eux à recevoir les
« sermens du gouvernement, et non au gouver-
« nement à leur en demander.

« Comment pourra-t-on avoir, en effet, une
« véritable représentation de l'opinion d'un pays,
« quand des hommes qui réunissent toutes les
« conditions auxquelles cette représentation est
« attachée, restent en dehors des colléges, et
« par conséquent des assemblées qui sont char-
« gées d'exprimer les vœux de la France? Cette

« fausse, application est très-bonne, si l'on veut
« assurer le triomphe d'un parti ; mais elle s'op-
« pose absolument à ce que la véritable opinion
« et les véritables intérêts de la France trouvent
« une manifestation légale.

« Ainsi, on n'a point consulté la France pour
« les actes qui ont constitué le gouvernement
« nouveau ; on n'a point fait d'élections générales
« pour soumettre ces actes au contrôle des élec-
« teurs ; et maintenant, dans les élections par-
« tielles qui ont lieu, on impose comme pre-
« mière condition à l'exercice des facultés d'é-
« lecteurs la reconnaissance, sous serment, des
« actes qu'il s'agirait de ratifier ! » Il serait su-
perflu de rien ajouter à ces paroles. D'après les
principes de la Charte actuelle, la nation doit
être libre de modifier, de changer son gouvernement : M. Voyer-d'Argenson l'a bien senti, lorsqu'appelé dans la séance du 3 novembre il a dit :
« Je le jure, sauf les progrès de la raison pu-
« blique. » En effet, messieurs, on affirme aujourd'hui que c'est la volonté publique qui doit
gouverner ; il faut que ses changemens, ses progrès puissent se développer en toute liberté : or
lui imposer un serment, c'est vouloir la con-
traindre à rester stationnaire ; c'est chercher à
l'enchaîner ; c'est agir en contre-sens de la Charte

nouvelle. Je ferais injure à votre intelligence, si j'insistais davantage sur une proposition si claire et si rationnelle.

Les hommes qui m'accusent auraient mauvaise grâce à m'objecter les dangers du principe de la souveraineté du peuple : ce principe, messieurs, ce n'est pas le mien, ce n'est pas moi qui l'ai posé; mais enfin je le comprends, je crois qu'il en peut sortir un ordre quelconque. La souveraineté du peuple a, comme la légitimité, des règles précises; il faut les observer; et c'est ce que la Chambre n'a point fait, car le peuple n'a pas été consulté. Mon intelligence ne pourra jamais concevoir comment certains hommes prétendent nous diriger avec des discours sans cesse démentis par leur conduite; je ne puis concevoir qu'une Chambre proclame la souveraineté du peuple, et refuse obstinément d'en faire l'application. Si ce principe est funeste, il fallait ne pas le proclamer; il fallait le repousser à toujours : si ce principe doit faire le salut de la France (et les auteurs de la révolution de juillet nous l'assurent), il doit cesser d'être un vain mot, et devenir une rigoureuse vérité.

Voilà donc à quoi se réduit toute ma brochure. J'ai dit que les députés avaient détruit l'ancienne Charte, de laquelle ils tenaient leurs pouvoirs,

et dont ils avaient juré d'être les invariables défenseurs ; j'ai dit ensuite que puisqu'on avait proclamé la souveraineté populaire, il fallait réali-
ser ce principe, et mettre la couronne aux voix.

Y a-t-il là mensonge, perfidie, crime enfin ?
Y voyez-vous le sujet d'une aussi grave accusation ? Assurément non, messieurs, et tel n'est
pas le véritable motif des poursuites dirigées contre
moi. J'ai parlé de mes affections personnelles
pour une auguste famille proscrite, voilà mon
crime aux yeux du ministère public, voilà pour
quelle raison il vous demande de me ravir ma liberté.

Quoi ! messieurs, vous ne repousseriez pas une
semblable accusation ? quoi ! il serait dit qu'en
France un homme a été jeté dans les prisons
pour avoir donné une larme à de grandes infor-
tunes ? chez le peuple le plus généreux de la
terre, vous me condamneriez pour avoir plaint
le malheur d'un roi en cheveux blancs, de deux
femmes exilées et d'un orphelin que naguère la
France se plaisait à nommer son fils ! En aucun
temps, messieurs, je n'ai caché mes sentimens
pour la famille des Bourbons. Aujourd'hui, que
ces sentimens m'ont amené dans une Cour d'assises, sur le banc des accusés, je les renierai
moins que jamais. N'allez pourtant pas croire que

mon dévouement prenne sa source dans des traditions puériles, dans un enthousiasme romanesque ; non, messieurs, je n'ai point été bercé avec les chants d'Henri IV ou le récit des pompes de Louis XIV ; je suis un enfant de la France nouvelle ; mes premiers regards ont admiré cette grande armée qui avait déclaré la guerre à tous les rois, et savait le chemin de toutes les capitales. Napoléon régnait alors : ce grand homme n'avait détrôné que l'anarchie ; il n'avait point présidé à l'exil de sa famille ; son avènement n'était pas pour lui un chagrin domestique ; c'était un soldat heureux, et, à défaut de libertés, il nous donnait la gloire. Ce ne sont donc pas des souvenirs et des affections d'enfance qui me rattachent aux Bourbons ; je leur ai voué une inviolable fidélité, parce qu'ils ont donné à ma patrie la paix et la liberté.

Hommes d'une génération nouvelle, nous avons dû accueillir la restauration avec amour, car elle apportait le bonheur à la France ; et renouant la chaîne des temps anciens aux temps modernes, elle venait fermer l'abîme des révolutions.

En imposant silence, la république avait amené la terreur ; en imposant silence, l'empire établit un joug de fer. La restauration seule reconnut aux Français de tous les partis le droit de publier leurs pensées : nous lui devons quinze ans de prospérités; peut-on les effacer de notre souvenir? Grâce à elle, une sécurité profonde protégeait toutes nos entreprises; le crédit public était porté à un point jusqu'alors inouï.

Les guerres qu'elles a faites dans des vues généreuses et désintéressées, elle les a terminées avec honneur et succès.

Une lutte sanglante agitait l'Orient ; Charles X est intervenu, et la Grèce a recouvré son indépendance à l'ombre du pavillon blanc. Enfin, messieurs, cette conquête d'Alger, qui devait tant profiter à la France et au monde chrétien, cette victoire de la civilisation sur la barbarie, n'est-ce pas Charles X qui l'a ordonnée? n'est-ce pas en son nom qu'elle s'est accomplie? n'est-ce pas en son nom que triomphaient sur la plage d'Afrique ces braves guerriers si indignement calomniés, ces guerriers que certains journaux ont osé comparer aux pirates et aux Bédouins qu'ils venaient de terrasser?

Aujourd'hui, les maximes de la restauration sont proscrites; ses princes sont bannis, et je me demande avec douleur si la France est plus heureuse!

Dans l'écrit qu'on accuse, j'ai exprimé mes craintes de ne plus voir mon pays goûter ce bonheur et cette liberté dont il avait joui sous là branche aînée des Bourbons : est-ce donc là être criminel? suis-je un mauvais citoyen, parce que je déplore les maux qui semblent menacer notre patrie ? Messieurs les jurés, vous qui ne craignez ni ne flattez le pouvoir, c'est à vous de nous dire s'il n'est pas vrai que, depuis la révolution, la confiance publique se soit ébranlée, et que la croissante prospérité du commerce se soit soudain arrêtée. Vous nous direz d'où vient que la France n'est pas soulagée du poids d'un seul impôt. Vous nous direz si un profond malaise ne se fait pas sentir dans tout le royaume ; si les plus graves inquiétudes, les craintes les plus sinistres n'agitent pas tous les esprits ; si nous ne sommes pas menacés d'évènemens désastreux. Je m'arrête ; on dirait peut-être que ma position d'accusé me montre le présent et l'avenir sous de trop sombres couleurs. Je m'arrête..... Toute ma pensée est dans ces mots : *Dieu sauve la France !*

Je vous laisse à vos réflexions, messieurs les jurés ; vous avez une âme trop élevée, une intelligence trop étendue pour ne pas sentir combien il importe qu'en des jours de révolution, les enfans d'une même patrie jouissent tous des mêmes droits, que toutes les opinions puissent être discutées avec une égale franchise. De cette discussion la liberté doit sortir triomphante. Si mes allégations sont mensongères, si ma logique est mauvaise, il sera facile de réfuter mes écrits; le bon sens public en fera bonne et prompte justice. Si tous les faits que j'avance sont vrais, si tous mes raisonnemens sont justes, alors, messieurs, je ne suis pas coupable; alors, on chercherait en vain à me punir : les sentences et les prisons sont impuissantes contre la raison et la vérité.

Personne plus que moi n'a déploré les fautes du pouvoir qui vient de tomber; mais, de toutes les fautes du pouvoir, celle qui m'a toujours semblé la plus funeste, ce sont les poursuites contre la presse, poursuites inutiles, qui m'ont toujours paru déceler autant de faiblesse que de violence. Verrons-nous donc le pouvoir nouveau s'égarer dans la même voie? Verrons-nous recommencer les procès de la presse plus nombreux que jamais? Les abus qui vous ont révoltés subsisteraient-ils toujours? Quoi! une grande révolution s'est faite, et on pourrait dire : Rien n'est changé en France, seulement il y a quelques Français de moins! Quoi! le peuple aurait versé son sang pour la liberté de la presse, et on viendrait vous demander d'enchaîner cette liberté! Ainsi nous verrions s'évanouir toutes les promesses dont on berçait la France! Ainsi ce mot d'indépendance avec lequel on poussait au combat, ce mot sublime ne serait qu'un mensonge! Ecoutez ce que disaient, le 9 novembre, des hommes qui ne sont pas suspects d'avoir servi le gouvernement de Charles X, des hommes qui ont scellé de leur sang leur attachement à la révolution : « La Chambre s'a-« vance de plus en plus dans une route sans hon-« neur et bientôt également funeste pour elle et « pour nous. Sur les traces de M. de Lameth, le « côté gauche déclame contre la presse avec une « véhémence égale à celle qu'il déployait pour « foudroyer, il y a peu de mois, les orateurs de « Charles X. Ainsi ces paroles, qui faisaient battre « nos cœurs d'un ardent patriotisme, étaient des « paroles d'apparat, des armes de guerre qu'on « jette loin de soi après la victoire! Ainsi, l'en-« nemi que nous détestions avait raison contre « nos chefs. Ainsi, le fond des choses, les prin-« cipes, la liberté n'étaient réellement rien pour « nos tribuns; ils voulaient seulement du pou-« voir, et ils le cherchaient par des luttes de fac-« tieux! Voilà ce qui résulte des deux dernières « séances! voilà le spectacle que donnent les 221 « à la France constitutionnelle. »

Ces paroles, messieurs, sont celles des rédacteurs du *Globe*. Ne suffisent-elles pas à ma défense? Songez, messieurs, à la grandeur de la victoire! Pendant trois jours, le peuple de Paris combat avec une ardeur, un courage dont s'entretient l'Europe étonnée. Voyez quelles sont aujourd'hui les suites de ce prodigieux triomphe. Voilà que le pouvoir né de ces grands combats vous appelle à siéger dans ce tribunal solennel; pourquoi, messieurs? je vous le demande. Pour que vous fassiez la guerre à la pensée d'un citoyen désarmé; pour que vous découvriez un crime dans une insignifiante brochure, que vous pesiez des mots, que vous interprétiez des verbes, que vous torturiez des phrases! Cela ne fait-il pas pitié? Ah! messieurs, si ce sont là les résultats d'une victoire tant vantée, si ce sont là les fruits de la révolution, j'en suis bien honteux pour elle!

La jeunesse de tous les partis s'afflige de voir des hommes dont elle admire les talens, des hommes qui doivent leurs plus beaux succès à des luttes éloquentes pour la liberté de la presse, donner aujourd'hui un éclatant démenti à toute leur vie, et quitter le beau rôle de défenseurs pour le rôle toujours pénible d'accusateurs. La jeunesse s'en afflige..... Cependant, puisque ces hommes se sont attachés au pouvoir, ils doivent le servir; laissons-les donc remplir leur triste de-

voir, attaquer ce qu'ils ont si bien défendu ja-
dis, et brûler ce qu'ils ont adoré. Mais vous,
messieurs les jurés, votre mission est plus haute
et plus belle. C'est à vous de repousser de mes-
quines vengeances, de misérables représailles
qui flétriraient la victoire, c'est à vous de proclamer la liberté de tous.

Si vous ne résistiez pas à la voix qui m'accuse
au nom du gouvernement, si vous condamniez
un jeune homme parce qu'il a demandé aux puis-
sans du jour d'être conséquens avec eux-mêmes,
parce qu'il a fait entendre une loyale expression
de regret pour nos anciens maîtres, votre déci-
sion me trouverait soumis, mais non humilié;
ce ne serait pas moi qui serais le plus à plaindre.

Quelles que soient vos opinions, messieurs les
jurés, elles partent, j'en suis sûr, d'une conviction profonde, d'un sincère amour de la patrie :
alors, vous comprendrez que des opinions diffé-
rentes peuvent être également consacrées au bien
du pays. Fermes et vrais dans votre foi politique,
vous m'approuverez de rester constant dans la
mienne; votre conscience respectera ma conscience.

Confiant en votre sagesse, j'attendrai votre déclaration avec espoir; elle prouvera sans doute
que le jugement par jury protége contre toute

attaque le droit le plus cher aux Français, la liberté de la pensée.

C'est à vous, messieurs, c'est à vous de décider quelle est la liberté de 1830.

M. l'avocat-général réplique, et persiste dans ses conclusions.

L'accusé réplique à son tour.

M. le président fait le résumé des débats, et posé les questions.

Sur la réponse du jury, M. Dentu est acquitté. M. de Nugent est condamné à trois mois de prison et trois cents francs d'amende.

NOTE DE LA PAGE 18.

Pour prouver combien d'augustes personnes ont manifesté leur attachement à la légitimité, il suffira de citer ici une pièce historique qui mérite de n'être jamais oubliée On sait qu'en 1803 Bonaparte fit proposer à Louis XVIII de renoncer à ses droits au trône de France, et que Louis XVIII rejeta ses offres. Tous les princes de la maison de Bourbon rédigèrent une déclaration, dans laquelle ils adhérèrent tous au refus du roi. Voici ce document officiel :

Adhésion à la note de Louis XVIII, du 22 février 1803.

« Pénétrés des mêmes sentimens dont S. M. Louis XVIII,
« roi de France et de Navarre, notre seigneur et roi, se
« montre si glorieusement animé dans sa noble réponse à
« la proposition qui lui a été faite de renoncer au trône de
« France, et d'exiger de tous les princes de la maison de
« Bourbon une renonciation à leurs imprescriptibles droit
« de succession à ce même trône,
  « Déclarons
  « Que notre attachement à nos devoirs et à notre hon-
« neur ne pourront jamais nous permettre de transiger
« sur nos principes et sur nos droits, et que nous adhé-
« rons de cœur et d'âme à la réponse de notre roi ; qu'à
« son illustre exemple, nous ne nous prêterons jamais à la
« moindre démarche qui pût avilir la maison de Bourbon

« et lui faire manquer à ce qu'elle se doit à elle-même, à
« ses ancêtres, à ses descendans ;

« Et que si l'injuste emploi d'une force majeure parve-
« nait (ce qu'à Dieu ne plaise !) à placer de fait, *et jamais*
« *de droit*, sur le trône de France tout autre que notre roi
« légitime, nous suivrons avec autant de confiance que de
« fidélité la voix de l'honneur, qui nous prescrit d'en ap-
« peler jusqu'à notre dernier soupir à Dieu, aux Français,
« et à notre épée. »

Cette adhésion est signée de LOUIS PHILIPPE D'OR-
LÉANS et des deux princes ses frères, alors vivans.

FIN.

PARIS.— IMPRIMERIE DE G.-A. DENTU,
rue du Colombier, n° 24.